Umschlagfoto: Ischeler Bäckerei (Rezept S. 68)

Die Rezepte in diesem Buch sind mit aller Sorgfalt zusammengestellt
und überprüft worden; dennoch kann eine Garantie nicht übernommen werden.
Eine Haftung des Verlages und seiner Beauftragten
für Personen-, Sach- und Vermögensschäden ist ausgeschlossen.

Verlagsunion Erich Pabel – Arthur Moewig KG, Rastatt

Umschlagentwurf und -gestaltung:
Werbeagentur Zeuner, Ettlingen
Umschlagfoto: Ceres Verlag / ATS GmbH, Bielefeld
Fotos im Innenteil:
Ceres Verlag / Arnold Zabert, Hamburg (Doppelseiten);
ATS GmbH, Bielefeld
Printed in Germany 1995
Druck und Bindung:
Graphischer Großbetrieb Pößneck GmbH
ISBN 3-8118-4223-4

DR. OETKER
KÜCHENBIBLIOTHEK

KLEINGEBÄCK

MOEWIG

Bunte Weihnachtsplätzchen

Walnußplätzchen

(Abb. S. 6/7)

	Für den Teig
300 g Weizenmehl	auf die Tischplatte sieben, in die Mitte eine Vertiefung eindrücken
200 g Zucker *1 Päckchen Vanillin-Zucker* *1 Fläschchen Rum-Aroma* *3 Tropfen Backöl Bittermandel* *1 Messerspitze gemahlenen Kardamom* *Salz*	hineingeben
200 g kalte Butter	in Stücke schneiden, mit
150 g gemahlenen Walnußkernen	dazugeben, mit Mehl bedecken, von der Mitte aus alle Zutaten schnell zu einem glatten Teig verkneten, sollte er kleben, ihn eine Zeitlang kalt stellen den Teig dünn ausrollen, mit einer runden Form (Durchmesser etwa 4 cm) ausstechen, auf ein Backblech legen, in den vorgeheizten Backofen schieben
Strom:	175–200
Gas:	3–4
Backzeit:	5–10 Minuten die Hälfte der erkalteten Plätzchen auf der Unterseite mit
rotem Johannisbeergelee	bestreichen, die übrigen darauf legen, gut andrücken
	zum Garnieren
200 g Halbbitter-Kuvertüre	in einem kleinen Topf im Wasserbad zu einer geschmeidigen Masse verrühren, die Plätzchen damit bestreichen, mit
200 g halbierten Walnußkernen	garnieren.

Prager Plätzchen

	Für den Teig
375 g Weizenmehl	
3 g (1 gestrichener Teel). Backpulver Backin	mischen, auf die Tischplatte sieben, in die Mitte eine Vertiefung eindrücken
50 g Zucker	
1 Päckchen Vanillin-Zucker	
3 Eigelb	hineingeben, mit einem Teil des Mehls zu einem dicken Brei verarbeiten
250 g kalte Butter oder Margarine	in Stücke schneiden, auf den Brei geben, mit Mehl bedecken, von der Mitte aus alle Zutaten schnell zu einem glatten Teig verkneten, sollte er kleben, ihn eine Zeitlang kalt stellen den Teig dünn ausrollen, mit einer runden Form (Durchmesser etwa 4 cm) ausstechen, auf ein Backblech legen
	für den Belag
3 Eiweiß	steif schlagen, es muß so fest sein, daß ein Messerschnitt sichtbar bleibt
200 g Puderzucker	sieben, nach und nach unterschlagen die Masse in einen Spritzbeutel mit Lochtülle füllen, als Tuffs auf die Teigplätzchen spritzen, mit
75 g abgezogenen, gehackten Mandeln	bestreuen
175 g Korinthen	verlesen, in jedes Plätzchen einige hineindrücken, das Backblech in den vorgeheizten Backofen schieben
Strom:	175–200
Gas:	3–4
Backzeit:	10–15 Minuten.

Kirsch-Herzen

300 g Weizenmehl auf die Tischplatte sieben, in die Mitte eine Vertiefung eindrücken

100 g gesiebten Puderzucker
2 Päckchen Vanillin-Zucker
2 Eigelb
Salz
abgeriebene Schale von 1 Zitrone (unbehandelt) hineingeben, mit einem Teil des Mehls zu einem dicken Brei verarbeiten

200 g kalte Butter oder Margarine in Stücke schneiden, auf den Brei geben, mit Mehl bedecken, von der Mitte aus alle Zutaten schnell zu einem glatten Teig verkneten, sollte er kleben, ihn eine Zeitlang kalt stellen
den Teig dünn ausrollen, mit einer Herz-Form ausstechen, auf ein Backblech legen, mit

Dosenmilch	bestreichen
Belegkirschen	halbieren, jeweils eine Hälfte in die Mitte legen, das Backblech in den vorgeheizten Backofen schieben
Strom:	175–200
Gas:	3–4
Backzeit:	Etwa 10 Minuten
	die Kirsch-Herzen nach Belieben mit
Hagelzucker	bestreuen.

Vanillekipferl

250 g Weizenmehl *1 Messerspitze* *Backpulver Backin*	mischen, auf die Tischplatte sieben, in die Mitte eine Vertiefung eindrücken
125 g Zucker *1 Päckchen* *Vanillin-Zucker* *3 Eigelb*	hineingeben, mit einem Teil des Mehls zu einem dicken Brei verarbeiten
200 g kalte Butter	in Stücke schneiden
125 g abgezogene, gemahlene Mandeln	
	beide Zutaten auf den Brei geben, mit Mehl bedecken, von der Mitte aus alle Zutaten zu einem glatten Teig verkneten
	aus dem Teig daumendicke Rollen formen, gut 2 cm lange Stücke davon abschneiden, diese zu etwa 5 cm langen Rollen formen, die Enden etwas dünner rollen, als Hörnchen auf ein Backblech legen, in den vorgeheizten Backofen schieben
Strom:	175–200
Gas:	3–4
Backzeit:	Etwa 10 Minuten
etwa 50 g *Puderzucker*	sieben, mit
1 Päckchen *Vanillin-Zucker*	mischen, die noch heißen Kipferl darin wälzen.

Rote Nestchen

	Für den Teig
275 g Weizenmehl	auf die Tischplatte sieben, in die Mitte eine Vertiefung eindrücken
150 g Zucker	
1 Päckchen Vanillin-Zucker	
2 Eigelb	
2 Tropfen Backöl Bittermandel	hineingeben, mit einem Teil des Mehls zu einem dicken Brei verarbeiten
175 g kalte Butter	in Stücke schneiden, auf den Brei geben, mit Mehl bedecken, von der Mitte aus alle Zutaten schnell zu einem glatten Teig verkneten
	etwa 3/4 des Teiges nicht zu dünn ausrollen, mit einer runden Form (Durchmesser etwa 4 cm) ausstechen, auf ein Backblech legen
	für den Belag
200 g Marzipan-Rohmasse	mit
2 Eiweiß	zu einer geschmeidigen Masse verrühren
	die Masse in einen Spritzbeutel mit gezackter Tülle füllen, als Kranz auf die Teigplätzchen spritzen, in die Mitte
rote Konfitüre	geben
	den restlichen Teig ausrollen, zu beliebigen Formen ausstechen, auf ein Backblech legen, mit
Dosenmilch	bestreichen, mit
abgezogenen, gehobelten Mandeln	
Zucker und Zimt	bestreuen, das Backblech in den vorgeheizten Backofen schieben
Strom:	175–200
Gas:	2–3
Backzeit:	12–20 Minuten
1–2 Eßl. Aprikosen-Konfitüre	durch ein Sieb streichen, mit
1 Eßl. Wasser	in einem kleinen Topf verrühren, kurz aufkochen lassen, die noch warmen Roten Nestchen damit bestreichen, mit
gehackten Pistazien	bestreuen.

Zimtsterne

(Eiweißverwendung)

3 Eiweiß	steif schlagen, es muß so fest sein, daß ein Messerschnitt sichtbar bleibt
250 g Puderzucker	sieben, eßlöffelweise unterschlagen zum Bestreichen der Sterne 2 gut gehäufte Eßl. Eierschnee abnehmen, unter den übrigen Eierschnee
1 Päckchen Vanillin-Zucker	
3 Tropfen Backöl Bittermandel	
1 gestrichenen Teel. gemahlenen Zimt	und die Hälfte von
275–325 g Mandeln oder Haselnußkernen**	unterrühren von dem Rest der Mandeln so viel unterkneten, daß der Teig kaum noch klebt, auf einer mit
gemahlenen Mandeln oder Haselnußkernen	bestreuten Tischplatte etwa 1/2 cm dick ausrollen, Sterne ausstechen, auf ein mit Pergamentpapier (Backpapier) belegtes Backblech legen, mit dem zurückgelassenen Eierschnee bestreichen, der Guß muß so sein, daß er sich glatt auf das Gebäck streichen läßt, evtl.
einige Tropfen Wasser	unterrühren
	die Plätzchen nach Belieben mit
abgezogenen, gehobelten Mandeln	bestreuen das Backblech in den vorgeheizten Backofen schieben
Strom:	130–150
Gas:	1–2
Backzeit:	20–30 Minuten das Gebäck muß sich beim Herausnehmen noch etwas weich anfühlen die Zimtsterne am besten in Kartons aufbewahren.

* Die erforderliche Menge Mandeln (Haselnußkerne) hängt von der Größe der Eier ab.

Spekulatius

500 g Weizenmehl	mit
6 g (2 gestrichene Teel.) Backpulver Backin	mischen, auf die Tischplatte sieben, in die Mitte eine Vertiefung eindrücken
250 g Zucker *1 Päckchen Vanillin-Zucker* *2 Tropfen Backöl Bittermandel* *2 Messerspitzen gemahlenen Kardamom* *2 Messerspitzen gemahlene Nelken* *1 gestrichenen Teel. gemahlenen Zimt* *2 Eier*	hineingeben, mit einem Teil des Mehls zu einem dicken Brei verarbeiten
200 g kalte Butter oder Margarine	in Stücke schneiden, auf den Brei geben
100 g abgezogene, gemahlene Mandeln oder Haselnußkerne	darüber streuen, mit Mehl bedecken, von der Mitte aus alle Zutaten schnell zu einem glatten Teig verkneten, sollte er kleben, ihn eine Zeitlang kalt stellen den Teig dünn ausrollen, mit beliebigen Formen (vor allem Tierformen) ausstechen, auf ein gefettetes Backblech legen, in den vorgeheizten Backofen schieben werden Holzmodel benutzt, den Teig in den gut bemehlten Model drücken, den überstehenden Teig abschneiden, die Spekulatiusstücke aus dem Model schlagen, auf ein gefettetes Backblech legen, in den vorgeheizten Backofen schieben
Strom:	175–200
Gas:	3–4
Backzeit:	Etwa 10 Minuten.

Frucht-Häufchen

200 g Butter	geschmeidig rühren, nach und nach
125 g Zucker	
1 Päckchen Vanillin-Zucker	
2 Eigelb	
abgeriebene Schale von 1 Zitrone (unbehandelt)	unterrühren
250 g Weizenmehl	sieben, abwechselnd eßlöffelweise mit
2 Eßl. Milch	unterrühren, zuletzt
100 g abgezogene, gestiftelte Mandeln	
100 g verlesene Rosinen	
100 g feingewürfeltes Zitronat (Sukkade)	
50 g feingewürfeltes Orangeat	unterheben, die Teighäufchen auf ein gefettetes Backblech setzen, in den vorgeheizten Backofen schieben
Strom:	175–200
Gas:	3–4
Backzeit:	15–20 Minuten
	das erkaltete Gebäck mit
Puderzucker	bestäuben.

Ingwer-Gebäck mit Schokolade

	Für den Teig
125 g Butter oder Margarine	geschmeidig rühren, nach und nach
200 g Zucker	
1 Päckchen Vanillin-Zucker	
2 Teel. gemahlenen Ingwer	
4 Eier	unterrühren
250 g Weizenmehl	mit
3 g (1 gestrichener Teel.) Backpulver	

Backin	mischen, sieben, mit
250 g geraspelter Schokolade	eßlöffelweise unterrühren
200 g verlesene Rosinen	kleinschneiden, zuletzt unterheben den Teig auf ein gefettetes Backblech streichen, in den vorgeheizten Backofen schieben
Strom:	175–200
Gas:	3–4
Backzeit:	20–25 Minuten das erkaltete Gebäck in Quadrate (4x4 cm) schneiden
	für den Guß
150 g Halbbitter-Kuvertüre	in einem kleinen Topf im Wasserbad zu einer geschmeidigen Masse verrühren, das Gebäck damit bestreichen, nach Belieben mit
halbierten Belegkirschen	garnieren.

Kokosmakronen

200 g Kokosraspeln	auf einem Backblech leicht rösten, erkalten lassen
4 Eiweiß	steif schlagen, es muß so fest sein, daß ein Messerschnitt sichtbar bleibt, nach und nach
200 g Zucker *1 Messerspitze gemahlenen Zimt* *2 Tropfen Backöl Bittermandel*	unterschlagen, die Kokosraspeln vorsichtig unter den Eierschnee heben (nicht rühren) von dem Teig mit 2 Teelöffeln Häufchen auf ein gefettetes Backblech setzen, in den vorgeheizten Backofen schieben
Strom:	130–150
Gas:	1–2
Backzeit:	20–25 Minuten.

Mandelsternchen

250 g Weizenmehl	auf die Tischplatte sieben, in die Mitte eine Vertiefung eindrücken
150 g Zucker *2 Päckchen Vanillin-Zucker* *Salz* *1 Messerspitze gemahlenen Zimt* *2 Eigelb*	hineingeben, mit einem Teil des Mehls zu einem dicken Brei verarbeiten
200 g kalte Butter oder Margarine	in Stücke schneiden, mit
70 g abgezogenen, gemahlenen Mandeln	auf den Brei geben, mit Mehl bedecken, von der Mitte aus alle Zutaten schnell zu einem glatten Teig verkneten, sollte der Teig kleben, ihn eine Zeitlang kalt stellen den Teig in kleinen Portionen dünn ausrollen, kleine Sterne ausstechen, auf ein Backblech legen

1 Eigelb	mit
1 Eßl. Milch	verschlagen, die Teigplätzchen damit bestreichen, mit
75 g abgezogenen, gehobelten Mandeln	bestreuen, das Backblech in den vorgeheizten Backofen schieben
Strom:	175–200
Gas:	3–4
Backzeit:	Etwa 10 Minuten.

Zitronenherzen
(Eigelbverwendung)

	Für den Teig
3 Eigelb	
120 g Zucker	
1 Päckchen Vanillin-Zucker	so lange schlagen, bis eine cremeartige Masse entstanden ist
3 Tropfen Backöl Zitrone	
1 Messerspitze Backpulver Backin	und so viel von
*200–250 g abgezogenen, gemahlenen Mandeln**	unterrühren, daß ein fester Brei entsteht von dem Rest der Mandeln so viel unterkneten, daß der Teig kaum noch klebt, ihn auf einer mit
abgezogenen, gemahlenen Mandeln oder gesiebtem Puderzucker	bestreuten Tischplatte etwa 1/2 cm dick ausrollen, Herzen ausstechen, auf ein mit Pergamentpapier (Backpapier) belegtes Backblech legen, in den vorgeheizten Backofen schieben
Strom:	175–200
Gas:	3–4
Backzeit:	Etwa 10 Minuten
	für den Guß
100 g Puderzucker	sieben, mit
1–1 1/2 Eßl. Zitronensaft	glattrühren, so daß eine dickflüssige Masse entsteht die Plätzchen sofort nach dem Backen damit bestreichen.

* Die erforderliche Menge Mandeln hängt von der Größe der Eier ab.

Rezept „Zimtsterne“ Seite 9

Sahnebrezeln

375 g Weizenmehl	auf die Tischplatte sieben, in die Mitte eine Vertiefung eindrücken
1 Teel. Zucker	
2 Päckchen Vanillin-Zucker	
125 ml (1/8 l) saure Sahne	hineingeben, mit einem Teil des Mehls zu einem dicken Brei verarbeiten
250 g kalte Buttter	in Stücke schneiden, auf den Brei geben, mit Mehl bedecken, von der Mitte aus alle Zutaten schnell zu einem glatten Teig verkneten, sollte er kleben, ihn eine Zeitlang kalt stellen den Teig etwa 1/2 cm dick ausrollen, in Streifen von gut 1/2 x 22 cm schneiden, diese zu Brezeln schlingen, auf der oberen Seite mit
Dosenmilch	bestreichen
100 g Hagelzucker	
50 g abgezogene, gehackte Mandeln	mischen, die Brezeln hineindrücken, mit der unteren Seite auf ein Backblech legen, in den vorgeheizten Backofen schieben, goldgelb backen
Strom:	200–225
Gas:	4–5
Backzeit:	Etwa 10 Minuten.

Echte Nürnberger Lebkuchen

	Für den Teig
2 kleine Eier	mit
125 g Zucker	cremig schlagen, nach und nach
1 Prise Muskatnuß	
1/2 Teel. gem. Nelken	
1/2 Teel. gem. Zimt	
2 Tropfen Backöl Bittermandel	
einige Tropfen Rum-Aroma	
einige Tropfen Backöl Zitrone	unterrühren

125 g gemahlene Mandeln	
125 g abgezogene, gehackte Mandeln	
125 g feingewürfeltes Zitronat (Sukkade)	unter die Eiermasse rühren, den Teig fingerdick auf
Oblaten (etwa 6 cm)	verstreichen oder als flache Häufchen auf ein gefettetes Backblech setzen das Backblech auf die mittlere Schiene in den vorgeheizten Backofen schieben
Strom:	Etwa 180
Gas:	Etwa 3
Backzeit:	Etwa 20 Minuten
	für den Guß
150 g gesiebten Puderzucker	mit
2–3 Eßl. heißem Wasser	zu einer dickflüssigen Masse verrühren, die noch warmen Lebkuchen damit bestreichen, mit
Buntzucker	bestreuen.

Nußprinten

	Für den Belag
etwa 200 g Haselnußkerne	auf ein Backblech im Backofen unter häufigem Wenden rösten, bis die Häutchen abplatzen, auf einem Küchentuch durch Reiben die Häutchen entfernen, die Haselnußkerne halbieren
	für den Teig
125 g Sirup	mit
50 g Zucker *50 g Butter oder Margarine* *2 Eßl. Milch oder Wasser*	langsam erwärmen, zerlassen, in eine Rührschüssel geben, kalt stellen
50 g braunen Kandiszucker (Grümmel)	mit
3 Tropfen Backöl Zitrone *1/2 gestrichenen Teel. gemahlenem Anis* *1/2 gestrichenen Teel. gemahlenen Nelken* *1/2 gestrichenen Teel. gemahlenem Zimt*	unter die fast erkaltete Masse rühren
250 g Weizenmehl	mit
9 g (3 gestrichene Teel.) Backpulver Backin	mischen, sieben, 2/3 davon eßlöffelweise unterrühren, den Rest des Mehls unter den Teigbrei kneten, sollte er kleben, ihn eine Zeitlang kalt stellen den Teig etwa 1/2 cm dick ausrollen, Rechtecke von etwa 2,5 x 7 cm daraus schneiden, auf ein gefettetes Backblech legen, die Haselnußhälften auf die Teigstücke legen, das Backblech in den vorgeheizten Backofen schieben
Strom:	175–200
Gas:	3–4
Backzeit:	Etwa 10 Minuten.

Veränderung:
150–200 g
Halbbitter-Kuvertüre
etwas Kokosfett

in einem kleinen Topf im Wasserbad zu einer geschmeidigen Masse verrühren, die erkalteten Printen damit überziehen.

Pflastersteine

250 g Honig oder Sirup	mit
100 g Zucker 50 g Butter, Margarine oder Schweineschmalz 1 Eßl. Wasser	langsam erwärmen, zerlassen, in eine Rührschüssel geben, kalt stellen, unter die fast erkaltete Masse
1 Ei 1 gestrichenen Teel. gemahlenen Zimt 2 Tropfen Backöl Bittermandel 3 Tropfen Backöl Zitrone	rühren
500 g Weizenmehl	mit
12 g (4 gestrichene Teel.) Backpulver Backin	mischen, sieben, 2/3 davon eßlöffelweise unterrühren, den Rest des Mehls mit
50 g abgezogenen, gehackten Mandeln oder 50 g verlesenen Korinthen 25 g gewürfeltem Orangeat oder Zitronat (Sukkade)	unter den Teigbrei kneten, sollte der Teig kleben, noch etwas Mehl hinzugeben, daumendicke Rollen formen, diese in so große Stücke schneiden, daß sich daraus etwa kirschgroße Kugeln formen lassen, etwas flachdrücken, auf der Oberseite mit
Milch	bestreichen, in
Hagelzucker oder groben Zucker	drücken, auf ein gefettetes Backblech legen, in den vorgeheizten Backofen schieben

Strom:	175–200
Gas:	3–4
Backzeit:	10–20 Minuten die Pflastersteine nach dem Backen einige Tage an der Luft stehenlassen, damit sie weich werden.

Plätzchen für jede Gelegenheit

Wiener Herzen

(Abb. S. 28/29)

	Für den Teig
300 g Weizenmehl	auf die Tischplatte sieben, in die Mitte eine Vertiefung eindrücken
100 g gesiebten Puderzucker *2 Päckchen Vanillin-Zucker* *2 Eigelb* *etwas Salz* *abgeriebene Schale von 1 Zitrone (unbehandelt)*	hineingeben, mit einem Teil des Mehls zu einem dicken Brei verarbeiten
200 g kalte Butter	in Stücke schneiden, auf den Brei geben, mit Mehl bedecken, von der Mitte aus alle Zutaten schnell zu einem glatten Teig verkneten den Teig dünn ausrollen, Herzen ausstechen, auf ein Backblech legen, in den vorgeheizten Backofen schieben
Strom:	175–200
Gas:	3–4
Backzeit:	8–10 Minuten
	die Hälfte der erkalteten Plätzchen auf der Unterseite mit
2 Eßl. Aprikosen-Konfitüre	bestreichen, die übrigen mit der Unterseite darauf setzen
	für den Guß
1 Eßl. Aprikosen-Konfitüre	durch ein Sieb streichen, mit
1 Eßl. Orangenlikör	in einem kleinen Topf verrühren, kurz aufkochen lassen, die Plätzchen damit bestreichen
	zum Verzieren nach Belieben
50 g Puderzucker	sieben, mit
1 Teel. Rum *etwas Eiweiß*	zu einem dickflüssigen Guß verrühren, die Plätzchen damit verzieren.

Dukatenplätzchen

	Für den Teig
250 g Weizenmehl	
3 g (1 gestrichener Teel).	
Backpulver Backin	mischen, auf die Tischplatte sieben, in die Mitte eine Vertiefung eindrücken
75 g Zucker	
1 Päckchen Vanillin-Zucker	
1 Ei	
1 Eßl. Milch	hineingeben, mit einem Teil des Mehls zu einem dicken Brei verarbeiten
125 g kalte Butter	in Stücke schneiden, auf den Brei geben, mit Mehl bedecken, von der Mitte aus alle Zutaten schnell zu einem glatten Teig verkneten, sollte er kleben, ihn eine Zeitlang kalt stellen, den Teig dünn ausrollen, mit einer runden Form (Durchmesser etwa 4 cm) ausstechen, auf ein Backblech legen, in den vorgeheizten Backofen schieben
Strom:	175–200
Gas:	3–4
Backzeit:	Etwa 10 Minuten
	für die Füllung
125 g Kokosfett	zerlassen, kalt stellen
75 g Puderzucker	
30 g Kakao	mischen, in eine Rührschüssel sieben
1 Päckchen Vanillin-Zucker	
einige Tropfen Rum-Aroma	hinzufügen, nach und nach mit
1 Ei	und dem lauwarmen Kokosfett verrühren die Füllung kalt stellen, sobald sie etwas fester ist, die Hälfte der Plätzchen auf der Unterseite damit bestreichen, die übrigen mit der Unterseite darauf legen
50 g Kuvertüre	in einem kleinen Topf im Wasserbad zu einer geschmeidigen Masse verrühren, die Oberseite der Plätzchen (wenn die Füllung etwas fester geworden ist) zur Hälfte damit bestreichen.

Schneehäubchen

3 Eiweiß	steif schlagen, der Schnee muß so fest sein, daß ein Messerschnitt sichtbar bleibt
250 g Puderzucker	sieben, eßlöffelweise unterschlagen zum Bestreichen der Häubchen 4 Eßl. Eierschnee abnehmen
125 g abgezogene, gemahlene Mandeln *125 g gemahlene Haselnußkerne, leicht geröstet*	unter den übrigen Eierschnee heben, die Masse bergartig auf
etwa 50 Oblaten (Durchmesser 4 cm)	streichen, sorgfältig mit dem zurückgelassenen Eierschnee bestreichen, auf ein Backblech legen, in den vorgeheizten Backofen schieben
Strom:	125–150
Gas:	1–2
Backzeit:	Etwa 20 Minuten.

Orangenplätzchen

	Für den Teig
175 g Butter oder Margarine	geschmeidig rühren, nach und nach
100 g Zucker *1 Päckchen Vanillin-Zucker* *1 Ei* *1 Fläschchen Backöl Zitrone*	unterrühren
300 g Weizenmehl	sieben, 2/3 davon eßlöffelweise unterrühren, den Rest des Mehls mit dem Teigbrei zu einem glatten Teig verkneten, sollte er kleben, ihn eine Zeitlang kalt stellen den Teig knapp 1/2 cm dick ausrollen, mit einer runden Form (Durchmesser etwa 4 cm) ausstechen, auf ein gefettetes Backblech legen, in den vorgeheizten Backofen schieben
Strom:	175–200
Gas:	3–4
Backzeit:	10–15 Minuten

	für den Guß
175 g Puderzucker	sieben, mit
4–5 Eßl. Orangenlikör	glattrühren, so daß eine dickflüssige Masse entsteht, die erkalteten Plätzchen damit bestreichen
kandierte Orangenscheiben	in Stücke schneiden, die Plätzchen damit garnieren.

Rosinen-Makronen

125 g Rosinen	verlesen, mit
2–3 Eßl. Rum	in einem kleinen Topf so lange erwärmen, bis keine Flüssigkeit mehr vorhanden ist
1 Packung Feingebäck-Backmischung Nuß-Makronen-Gebäck	
2 Eiweiß	
2 Teel. Wasser	nach der Vorschrift auf der Packung zubereiten, die Rosinen unterheben die Masse in walnußgroßen Häufchen auf ein gefettetes Backblech setzen, auf die mittlere Schiene in den vorgeheizten Backofen schieben
Strom:	175–200
Gas:	3–4
Backzeit:	12–18 Minuten
	für den Guß
etwa 100 g Kuvertüre	in einem kleinen Topf im Wasserbad zu einer geschmeidigen Masse verrühren die erkalteten Makronen jeweils zur Hälfte hineintauchen.

Glückspilze

	Für den Teig
400 g Weizenmehl	mit
1½ g (½ gestr. Teel.) Backpulver Backin	mischen, auf die Tischplatte sieben, in die Mitte eine Vertiefung eindrücken
75 g Zucker	
1 Päckchen Vanillin-Zucker	
Salz	
2 Eier	hineingeben, mit einem Teil des Mehls zu einem dicken Brei verarbeiten
150 g kalte Butter oder Margarine	in Stücke schneiden, auf den Brei geben, mit Mehl bedecken, von der Mitte aus alle Zutaten schnell zu einem glatten Teig verkneten,

sollte er kleben, ihn eine Zeitlang kalt stellen den Teig etwa 3 mm dick ausrollen, mit einer runden, gezackten Form (Durchmesser etwa 5 cm) ausstechen, auf ein Backblech legen, mit

Dosenmilch bestreichen, mit

etwa 200 g roten
und 100 g grünen
Belegkirschen
100 g abgezogenen,
halbierten Mandeln in Form von Pilzen garnieren, das Backblech in den vorgeheizten Backofen schieben

Strom: 175–200
Gas: 3–4
Backzeit: 10–12 Minuten

zum Verzieren

50 g Puderzucker sieben, mit
etwas Wasser verrühren, so daß eine spritzfähige Masse entsteht, mit Hilfe eines Pergamentpapiertütchens als Tupfen auf die erkalteten „Pilzköpfe“ spritzen.

Schwarz-Weiß-Gebäck

	Für den hellen Teig
250 g Weizenmehl	mit
3 g (1 gestrichener Teel.) Backpulver	mischen, auf die Tischplatte sieben, in die Mitte eine Vertiefung eindrücken
150 g Zucker *1 Päckchen Vanillin-Zucker* *1 Fl. Rum-Aroma, 1 Ei*	hineingeben, mit einem Teil des Mehls zu einem dicken Brei verarbeiten
125 g kalte Butter	in Stücke schneiden, auf den Brei geben, mit Mehl bedecken, von der Mitte aus alle Zutaten schnell zu einem glatten Teig verkneten, sollte er kleben, ihn eine Zeitlang kalt stellen
	für den dunklen Teig
20 g Kakao	mit
15 g Zucker *1 Eßl. Milch*	verrühren, unter die Hälfte des Teiges kneten die beiden Teige so zusammensetzen: für ein *Schneckenmuster* den hellen und den dunklen Teig zu gleichmäßig großen Rechtecken ausrollen, eines dünn mit
Eiweiß	bestreichen, das zweite darauf legen, ebenfalls bestreichen, fest zusammenwickeln für ein *Schachbrettmuster* aus dem je 1 cm dick ausgerollten hellen Teig 5, aus dem dunklen Teig 4 je 1 cm breite Streifen von gleicher Länge schneiden, mit Eiweiß bestreichen, abwechselnd je drei neben- und übereinander legen, in dünn ausgerollten Teig wickeln *folgende Plätzchen* lassen sich leichter herstellen: aus der einen Teighälfte 3 cm dicke Rollen formen, sie mit Eiweiß bestreichen, in den übrigen ausgerollten Teig wickeln sämtliche Teigrollen eine Zeitlang kalt stellen in gleichmäßige Scheiben schneiden, auf ein gefettetes Backblech legen, in den vorgeheizten Backofen schieben
Strom:	175–200, *Gas:* 3–4
Backzeit:	10–15 Minuten.

Streuselplätzchen

	Für den Teig
1 Packung (300 g) tiefgekühlten Blätterteig	bei Zimmertemperatur auftauen lassen (nicht durchkneten) den Teig dünn ausrollen, mit einer runden Form (Durchmesser etwa 6 cm) ausstechen, auf ein mit kaltem Wasser abgespültes Backblech legen, mit
Dosenmilch	bestreichen
	für die Streusel
150 g Weizenmehl	in eine Rührschüssel sieben, mit
75 g Zucker 1 Päckchen Vanillin-Zucker 1 Messerspitze gemahlenem Zimt 50 g klein-geschnittenen roten Belegkirschen	mischen
100 g Butter	in Flöckchen dazugeben, alle Zutaten mit den Händen oder mit 2 Gabeln zu Streuseln vermengen die Teigplätzchen gleichmäßig damit bedecken, das Backblech in den vorgeheizten Backofen schieben
Strom:	200–225, *Gas:* 3–4
Backzeit:	15–20 Minuten.

Spritzgebäck

250 g Butter	geschmeidig rühren, nach und nach
250 g Zucker 2 Päckchen Vanillin-Zucker 3 Eigelb abgeriebene Schale von 1 Zitrone (unbehandelt)	unterrühren
500 g Weizenmehl	mit

6 g (2 gestrichene Teel.) Backpulver	mischen, sieben, nach und nach 2/3 des Mehl-Backpulver-Gemisches mit
gut 1 Eßl. Milch	unterrühren den Rest des Mehls leicht unterkneten den Teig durch einen Fleischwolf mit Spezialvorsatz spritzen, in Stücke von beliebiger Länge schneiden, als Stangen und Kränze auf ein Backblech legen, in den vorgeheizten Backofen schieben
Strom:	175–200, *Gas:* 3–4
Backzeit:	Etwa 15 Minuten
Veränderung:	
100 g Puderzucker	
20 g Kakao	mischen, sieben, mit
etwa 1 1/2 Eßl. heißem Wasser	glattrühren, so daß eine dickflüssige Masse entsteht
50 g Butter	zerlassen, heiß darunter rühren das Gebäck an einer der Schmalseiten mit dem Guß bestreichen oder es damit verzieren.

Gefüllte Schokoladenhörnchen

	Für den Teig
250 g Butter oder Margarine	geschmeidig rühren, nach und nach
150 g gesiebten Puderzucker	
1 Päckchen Vanillin-Zucker	
1/2 Fläschchen Rum-Aroma	
1 Ei	unterrühren
175 g Weizenmehl	
75 g Speisestärke	
30 g Kakao	mischen, sieben, eßlöffelweise unterrühren den Teig in einen Spritzbeutel mit glatter Lochtülle füllen, Hörnchen in Form kleiner Halbmonde auf ein gefettetes Backblech spritzen, in den vorgeheizten Backofen schieben
Strom:	175–200
Gas:	3–4
Backzeit:	Etwa 8 Minuten die Hörnchen erkalten lassen
	für den Guß
125 g Nußnougat	in einem kleinen Topf im Wasserbad zu einer geschmeidigen Masse verrühren die Hälfte der Hörnchen auf der Unterseite damit bestreichen, die andere Hälfte darauf legen
125 g Kuvertüre	in einem kleinen Topf im Wasserbad zu einer geschmeidigen Masse verrühren, die Enden der Hörnchen hineintauchen.

Nußtaler

375 g Weizenmehl	mit
125 g Speisestärke	
6 g (2 gestrichene Teel.) Backpulver Backin	mischen, auf die Tischplatte sieben, in die Mitte eine Vertiefung eindrücken

250 g Zucker *1 Päckchen* *Vanillin-Zucker* *3 Tropfen* *Backöl Bittermandel* *2 Eier*	hineingeben, mit einem Teil des Mehls zu einem dicken Brei verarbeiten
250 g kalte Butter *oder Margarine*	in Stücke schneiden
250 g Haselnußkerne	vierteln, beide Zutaten auf den Brei geben, mit Mehl bedecken, von der Mitte aus alle Zutaten schnell zu einem glatten Teig verkneten, daraus gut 2½ cm dicke Rollen formen, so lange kalt stellen, bis sie hart geworden sind, mit einem scharfen Messer in ½ cm dicke Scheiben schneiden, auf ein Backblech legen, in den vorgeheizten Backofen schieben
Strom:	175–200
Gas:	3–4
Backzeit:	10–15 Minuten.

Erdnußplätzchen

125 g Butter	geschmeidig rühren, nach und nach
125 g Rohrzucker	
125 g Zucker	
1 Päckchen Vanillin-Zucker	
Salz, 2 Eier	
1 Glas (etwa 330 g) Erdnußmus aus gerösteten Erdnußkernen	unterrühren
250 g Weizenmehl	mit
3 g (1 gestr. Teel.) Backpulver Backin	mischen, sieben, eßlöffelweise unterrühren mit 2 Teelöffeln Häufchen von dem Teig abstechen, auf ein Backblech setzen, etwas flach andrücken, so daß die Plätzchen die Größe eines Fünfmarkstückes erhalten (den Löffel zwischendurch in lauwarmes Wasser tauchen), das Backblech in den vorgeheizten Backofen schieben
Strom:	175–200, *Gas:* 3–4
Backzeit:	Etwa 10 Minuten.

Tatzen und Tupfen

250 g Butter oder Margarine	geschmeidig rühren, nach und nach
175 g Zucker	
1 Päckchen Vanillin-Zucker	
1 Ei	gut unterrühren
175 g Weizenmehl	mit
175 g Speisestärke	mischen, sieben, eßlöffelweise unterrühren
75 g abgezogene, gemahlene Mandeln	unter den Teig rühren, ihn in einen Spritzbeutel mit gezackter Tülle füllen, in Form von kleinen Tatzen und Tupfen auf ein gefettetes Backblech spritzen, das Backblech in den vorgeheizten Backofen schieben
Strom:	175–200, *Gas:* 3–4
Backzeit:	10–15 Minuten die Tupfen mit

kandierten Kirschstückchen	garnieren
100 g Kuvertüre	in einem kleinen Topf im Wasserbad zu einer geschmeidigen Masse verrühren
	1/4 der Tatzen auf der glatten Seite dünn mit Kuvertüre bestreichen, mit unbestrichenen Tatzen zusammensetzen
Aprikosen-Konfitüre	1/4 der Tatzen auf der glatten Seite dünn mit bestreichen, ebenfalls mit unbestrichenen Tatzen zusammensetzen
	die Tatzen mit den Spitzen in Kuvertüre tauchen.

Wiener Kolatschen

125 g Butter	geschmeidig rühren, nach und nach
100 g Zucker	
1 Päckchen Vanillin-Zucker	
1 Ei, 1 Eigelb	
2 Tropfen Backöl Zitrone	unterrühren
250 g Weizenmehl	mit
9 g (3 gestrichene Teel.) Backpulver	mischen, sieben, unterrühren von dem Teig walnußgroße Teighäufchen auf ein gefettetes, mit
Weizenmehl	bestäubtes Backblech setzen
1 Eiweiß	mit
1 Teel. Zucker	verschlagen, die Teighäufchen damit bestreichen
50 g Zitronat (Sukkade)	in feine Würfel schneiden
70 g Korinthen	verlesen
50 g abgezogene, gehackte Mandeln	
	die Zutaten mischen, die Teighäufchen damit bestreuen, das Backblech in den vorgeheizten Backofen schieben
Strom:	175–200, *Gas:* 3–4
Backzeit:	Etwa 15 Minuten.

Nougatstangen

	Für den Teig
225 g Butter	geschmeidig rühren, nach und nach
100 g gesiebten Puderzucker	
1 Päckchen Vanillin-Zucker	
3 Eigelb	
2 Msp. gem. Zimt	unterrühren
200 g Weizenmehl	mit
40 g Kakao	
3 g (1 gestrichener Teel.) Backpulver	mischen, sieben, eßlöffelweise unterrühren

125 g gemahlene, geröstete Haselnußkerne	unterheben
	den Teig in einen Spritzbeutel mit gezackter Tülle füllen, etwa 4 cm lange Stangen auf ein gefettetes Backblech spritzen, in den vorgeheizten Backofen schieben
Strom:	175–200, *Gas:* 3–4
Backzeit:	7–10 Minuten
	für die Füllung
etwa 100 g Nußnougat	in einem kleinen Topf im Wasserbad zu einer geschmeidigen Masse verrühren
	die Hälfte der erkalteten Plätzchen auf der Unterseite damit bestreichen, die übrigen darauf legen, gut andrücken
	für den Guß
150 g zartbittere Schokolade	in Stücke brechen, mit
30 g Kokosfett	in einem kleinen Topf im Wasserbad zu einer geschmeidigen Masse verrühren, die Stangenenden hineintauchen.

Feines, leichtes Teegebäck

Weiße Baiser-Plätzchen

(Abb. S. 46/47)

	Für den Teig
125 g Weizenmehl	auf die Tischplatte sieben, in die Mitte eine Vertiefung eindrücken
2 Eigelb *50 g Zucker* *1 Päckchen Vanillin-Zucker*	hineingeben, mit einem Teil des Mehls zu einem dicken Brei verarbeiten
65 g kalte Butter oder Margarine	in Stücke schneiden, auf den Brei geben, mit Mehl bedecken, von der Mitte aus alle Zutaten schnell zu einem glatten Teig verkneten, sollte er kleben, ihn eine Zeitlang kalt stellen den Teig dünn ausrollen, mit einer runden Form (Durchmesser 3–4 cm) ausstechen, auf ein gefettetes Backblech legen
Strom:	175–200
Gas:	3–4
Backzeit:	8–10 Minuten
	für die Baisermasse
3 Eiweiß	mit
150 g Zucker	verrühren, im Wasserbad so lange schlagen, bis der Eierschnee schnittfest ist die Baisermasse in einen Spritzbeutel mit gezackter Tülle füllen, auf die vorgebackenen Plätzchen spritzen die Plätzchen mit
halbierten kandierten Kirschen *kandierter Orangenschale* *Orangeat*	garnieren, das Backblech in den vorgeheizten Backofen schieben
Strom:	100–125
Gas:	Etwa 1
Backzeit:	40–45 Minuten.

Zartes Mandelgebäck

	Für den Teig
375 g Weizenmehl	mit
3 g (1 gestrichener Teel.) Backpulver Backin	mischen, auf die Tischplatte sieben, in die Mitte eine Vertiefung eindrücken
125 g Zucker *1 Päckchen Vanillin-Zucker* *Salz* *2 Tropfen Backöl Bittermandel* *abgeriebene Schale von 1/2 Zitrone (unbehandelt)* *1 Ei*	hineingeben, mit einem Teil des Mehls zu einem dicken Brei verarbeiten
250 g kalte Butter oder Margarine	in Stücke schneiden, auf den Brei geben, mit Mehl bedecken, von der Mitte aus alle Zutaten schnell zu einem glatten Teig verkneten
100 g abgezogene, gehobelte Mandeln	unterkneten den Teig zu einem Rechteck von 14 x 22 cm ausrollen, über Nacht kalt stellen den Teig in Streifen von 22 x 3,5 cm schneiden, davon 1/2–1 cm dicke Stücke abschneiden, auf ein Backblech legen, in den vorgeheizten Backofen schieben
Strom:	175–200
Gas:	3–4
Backzeit:	15–20 Minuten
	für den Guß
150 g Kuvertüre	mit
25 g Kokosfett	in einem kleinen Topf im Wasserbad zu einer geschmeidigen Masse verrühren die Plätzchen zur Hälfte eintauchen.

Vanilleplätzchen

250 g Weizenmehl	mit
3 g (1 gestrichener Teel.) Backpulver Backin	mischen, auf die Tischplatte sieben, in die Mitte eine Vertiefung eindrücken
75 g Zucker	
2 Päckchen Vanillin-Zucker	
1 Ei	hineingeben, mit einem Teil des Mehls zu einem dicken Brei verarbeiten
125 g kalte Butter oder Margarine	in Stücke schneiden, darauf geben, mit Mehl bedecken, von der Mitte aus alle Zutaten schnell zu einem glatten Teig verkneten, sollte er kleben, ihn eine Zeitlang kalt stellen den Teig dünn ausrollen, mit einer runden Form (Durchmesser etwa 4 cm) ausstechen, auf ein gefettetes Backblech legen, in den vorgeheizten Backofen schieben
Strom:	175–200
Gas:	3–4
Backzeit:	8–10 Minuten
etwas Kuvertüre	in einem kleinen Topf im Wasserbad zu einer geschmeidigen Masse verrühren die erkalteten Plätzchen auf Pergamentpapier legen, mit einem Teelöffel unregelmäßig mit der Kuvertüre besprenkeln.

Busserl

2 Eiweiß	steif schlagen, der Schnee muß so fest sein, daß ein Messerschnitt sichtbar bleibt, nach und nach
100 g Zucker	unterschlagen
1 gestrichenen Eßl. Kakao	sieben, mit
50 g zartbitterer feingeschnittener Schokolade	vorsichtig unterheben

mit 2 Teelöffeln walnußgroße Häufchen auf ein gefettetes Backblech setzen, in den vorgeheizten Backofen schieben

Strom:	130–150
Gas:	1–2
Backzeit:	25–35 Minuten.

Honigplätzchen

	Für den Teig
125 g Honig	mit
200 g Zucker	
4 Eßl. Milch	
100 g Butter	langsam erwärmen, zerlassen, in eine Rührschüssel geben, kalt stellen, unter die fast erkaltete Masse
1 Päckchen Vanillin-Zucker	
3 Tropfen Backöl Bittermandel	
1 gestrichenen Teel. gemahlenen Zimt	rühren
400 g Weizenmehl	mit
20 g Kakao	
100 g Speisestärke	
1 Päckchen Backpulver Backin	mischen, sieben, 2/3 davon eßlöffelweise unterrühren, den Rest des Mehls mit
75 g abgezogenen, gehackten Mandeln	unter den Teigbrei kneten, sollte er kleben, noch etwas Mehl hinzugeben den Teig etwa 1/2 cm dick ausrollen, mit einer runden Form (Durchmesser etwa 8 cm) ausstechen, auf ein gefettetes Backblech legen
	zum Bestreichen
1 schwach gehäuften Teel. Kartoffelmehl	mit
6 Eßl. kaltem Wasser	anrühren, zum Kochen bringen, kurz aufkochen, abkühlen lassen, die Plätzchen dünn damit bestreichen
100–125 g Mandeln	abziehen, halbieren, die Plätzchen damit garnieren, das Backblech in den vorgeheizten Backofen schieben
Strom:	175–200
Gas:	2–3
Backzeit:	Etwa 20 Minuten.

Mandelmakronen

2 Eiweiß	steif schlagen, es muß so fest sein, daß ein Messerschnitt sichtbar bleibt, nach und nach
100 g Zucker	
1 Messerspitze gemahlenen Zimt	
2 Tropfen Backöl Bittermandel	unterschlagen
100 g abgezogene, gemahlene Mandeln	
75 g abgezogene, gehackte Mandeln	vorsichtig unter den Eierschnee heben von dem Teig mit 2 Teelöffeln Häufchen auf ein gefettetes Backblech setzen, in den vorgeheizten Backofen schieben
Strom:	130–150
Gas:	1–2
Backzeit:	30–35 Minuten.

Weinplätzchen

	Für den Teig
375 g Weizenmehl	auf die Tischplatte sieben, in die Mitte eine Vertiefung eindrücken
125 g Zucker *1 Päckchen* *Vanillin-Zucker* *3 Eßl. Weißwein*	hineingeben, mit einem Teil des Mehls zu einem dicken Brei verarbeiten
200 g kalte Butter	in Stücke schneiden, auf den Brei geben, mit Mehl bedecken, von der Mitte aus alle Zutaten schnell zu einem glatten Teig verkneten den Teig dünn ausrollen, mit einer runden Form (Durchmesser etwa 4 cm) ausstechen, auf ein Backblech legen
	für den Belag
2 Eiweiß	steif schlagen, der Schnee muß so fest sein, daß ein Messserschnitt sichtbar bleibt, die Teigplätzchen damit bestreichen
60 g Zucker *gemahlenen Zimt*	mischen, die Plätzchen damit und mit
abgezogenen, *gehackten Mandeln*	bestreuen, das Backblech in den vorgeheizten Backofen schieben
Strom:	175–200, *Gas:* 3–4, *Backzeit:* 10–15 Minuten.

Friesische Eiserkuchen

200 g Kandiszucker *1 Päckchen* *Vanillin-Zucker*	in
250 ml (1/4 l) *kochendem Wasser*	auflösen, abkühlen lassen
200 g Weizenmehl	eßlöffelweise unterrühren
2 Eier	hinzugeben
100 g weiche Butter *1 Msp. gem. Zimt*	unterrühren den Teig in nicht zu großer Menge in ein gut erhitztes, gefettetes Eiserkucheneisen füllen, von beiden Seiten goldbraun backen die Blättchen schnell aus dem Eisen lösen, noch heiß zu Röllchen oder Tüten wickeln.

Butterringe

150 g Butter	zerlassen, kalt stellen in die erkaltete, wieder etwas fest gewordene Butter nach und nach eßlöffelweise
75 g gesiebten Puderzucker *1 Päckchen Vanillin-Zucker*	geben, so lange rühren, bis Butter und Zucker weißschaumig geworden sind
1 Ei, 1/2 gestr. Teel. gemahlenen Koriander	unterrühren
175 g Weizenmehl *25 g Speisestärke*	mischen, sieben, eßlöffelweise unterrühren den Teig in einen Spritzbeutel mit gezackter Tülle füllen, in Form von Ringen auf ein Backblech spritzen, in den vorgeheizten Backofen schieben
Strom:	175–200, *Gas:* 3–4
Backzeit:	8–10 Minuten.

Heidesand

275 g Butter	zerlassen, bräunen, kalt stellen die wieder fest gewordene Butter geschmeidig rühren, nach und nach
250 g Zucker *1 Päckchen Vanillin-Zucker* *2 Eßl. Milch*	hinzugeben, so lange rühren, bis die Masse weißcremig geworden ist
375 g Weizenmehl *3 g (1 gestrichener Teel.) Backpulver*	mischen, sieben, 2/3 des Mehls eßlöffelweise unterrühren, den Teigbrei mit dem Rest des Mehls zu einem glatten Teig verkneten etwa 3 cm dicke Rollen daraus formen, kalt stellen, bis sie hart geworden sind von den Rollen etwa 1/2 cm dicke Scheiben abschneiden, auf ein Backblech legen, in den vorgeheizten Backofen schieben
Strom:	175–200, *Gas:* 2–3
Backzeit:	10–15 Minuten.

Mandelstäbchen

	Für den Teig
100 g Orangeat	fein hacken, mit
100 g abgezogenen, gemahlenen Mandeln	
50 g Puderzucker	
1 Eiweiß	
2 Tropfen Backöl Bittermandel	in einem Topf unter Rühren so lange erhitzen, bis die Masse glänzend ist, abkühlen lassen
Puderzucker	auf die Tischplatte sieben, darauf aus dem Teig 2–3 Rollen formen, von den Rollen gleichmäßige Stücke abschneiden, diese zu etwa 5 cm langen, bleistiftdünnen Stäbchen formen
	für den Guß
30 g Kuvertüre	mit
etwas Kokosfett	in einem kleinen Topf im Wasserbad zu einer geschmeidigen Masse verrühren, die Enden der Stäbchen eintauchen, auf Pergamentpapier trocknen lassen.

Mandelbögen

250 g Weizenmehl 1 Messerspitze Backpulver Backin	mischen, auf die Tischplatte sieben, in die Mitte eine Vertiefung eindrücken
125 g Zucker 1 Päckchen Vanillin-Zucker 3 Eigelb	hineingeben, mit einem Teil des Mehls zu einem dicken Brei verarbeiten
200 g kalte Butter oder Margarine	in Stücke schneiden, mit
125 g abgezogenen, gemahlenen Mandeln	auf den Brei geben, mit Mehl bedecken von der Mitte aus alle Zutaten schnell zu einem glatten Teig verkneten aus dem Teig gut bleistiftdicke Rollen formen, nach oben etwas spitz drücken, in etwa 6 cm lange Stücke schneiden, mit
Eiweiß	bestreichen, von beiden Seiten in
125 g abgezogene, gehobelte Mandeln	drücken die Teigstücke zu Bögen formen, auf ein Backblech setzen, in den vorgeheizten Backofen schieben
Strom:	175–200
Gas:	3–4
Backzeit:	12–15 Minuten.

Spitzbuben

375 g Weizenmehl	mit
3 g (1 gestrichener Teel.) Backpulver Backin	mischen, auf die Tischplatte sieben, in die Mitte eine Vertiefung eindrücken
200 g Zucker 1 Päckchen Vanillin-Zucker	hineingeben
250 g kalte Butter oder Margarine	in Stücke schneiden, mit

125 g abgezogenen, gemahlenen Mandeln	darauf geben, mit Mehl bedecken, von der Mitte aus alle Zutaten schnell zu einem glatten Teig verkneten, sollte er kleben, ihn eine Zeitlang kalt stellen den Teig dünn ausrollen, mit einer runden Form (Durchmesser etwa 4 cm) ausstechen, auf ein gefettetes Backblech legen, in den vorgeheizten Backofen schieben
Strom:	175–200
Gas:	3–4
Backzeit:	Etwa 10 Minuten die gebackenen Plätzchen erkalten lassen, in 2 Hälften teilen
125 g Johannisbeergelee	durch ein Sieb streichen, die Hälfte der Plätzchen auf der Unterseite damit bestreichen, die übrigen darauf legen, gut andrücken.

Kleines Gebäck für die Kaffeetafel

Marzipan-Kaffeeschnitten

(Abb. S. 60/61)

	Für den Teig
250 g Weizenmehl 1 1/2 g (1/2 gestrichener Teel.) Backpulver	mischen, auf die Tischplatte sieben, in die Mitte eine Vertiefung eindrücken
75 g Zucker 1 Päckchen Vanillin-Zucker 1 Ei	hineingeben, mit einem Teil des Mehls zu einem dicken Brei verarbeiten
125 g kalte Butter	in Stücke schneiden, auf den Brei geben, mit Mehl bedecken, von der Mitte aus alle Zutaten schnell zu einem glatten Teig verkneten, sollte er kleben, ihn eine Zeitlang kalt stellen den Teig zu einem Rechteck von 40 x 32 cm ausrollen, 8 Streifen (20 x 8 cm) daraus schneiden, auf ein Backblech legen, in den vorgeheizten Backofen schieben, hellgelb vorbacken
Strom:	175–200
Gas:	3–4
Backzeit:	Etwa 15 Minuten die Gebäckstreifen mit
4 Eßl. Konfitüre	bestreichen
	für den Belag
125 g Butter 125 g Marzipan-Rohmasse	mit einem elektrischen Handrührgerät mit Rührbesen zu einer geschmeidigen Masse verrühren, nach und nach
100 g Zucker 1 Päckchen Vanillin-Zucker 2 Eier abgeriebene Schale von 1/2 Zitrone (unbehandelt)	unterrühren
250 g Weizenmehl 1 Messerspitze Backpulver Backin	mischen, sieben, eßlöffelweise unterrühren

	die Masse in einen Spritzbeutel mit gezackter Tülle füllen, beliebige Muster auf die Gebäckstreifen spritzen, das Backblech in den vorgeheizten Backofen schieben
Strom:	175–200
Gas:	3–4
Backzeit:	Etwa 20 Minuten das Gebäck sofort nach dem Backen in schmale Streifen schneiden.

Holländisches Kaffeegebäck

	Für den Teig
300 g Buttter	geschmeidig rühren, nach und nach
100 g gesiebten Puderzucker *1 Päckchen Vanillin-Zucker* *2 Eier, Salz* *abgeriebene Schale von 1 Zitrone (unbehandelt)*	unterrühren
400 g Weizenmehl *3 g (1 gestrichener Teel.) Backpulver*	mischen, sieben, eßlöffelweise unterrühren den Teig in einen Spritzbeutel mit gezackter Tülle füllen, in eng untereinanderliegenden Linien auf ein Backblech spritzen, so daß jeweils die Form eines langgezogenen Dreiecks entsteht, das Backblech in den vorgeheizten Backofen schieben
Strom:	175–200
Gas:	3–4
Backzeit:	Etwa 15 Minuten die Hälfte der erkalteten Plätzchen auf der Unterseite mit
Aprikosen-Konfitüre	bestreichen, die anderen darauf legen
	für den Guß
100 g Kuvertüre *20 g Kokosfett*	in einem kleinen Topf im Wasserbad zu einer geschmeidigen Masse verrühren, die Plätzchen mit der breiten Seite hineintauchen.

Nuß- oder Kokos-Ecken

	Für den Teig
150 g Weizenmehl	mit
1 1/2 g (1/2 gestrichener Teel.) Backpulver	mischen, auf die Tischplatte sieben, in die Mitte eine Vertiefung eindrücken
65 g Zucker *1 Päckchen Vanillin-Zucker, 1 Ei*	hineingeben, mit einem Teil des Mehls zu einem dicken Brei verarbeiten
65 g kalte Butter	in Stücke schneiden, auf den Brei geben, mit Mehl bedecken, von der Mitte aus alle Zutaten schnell zu einem glatten Teig verkneten, sollte er kleben, ihn eine Zeitlang kalt stellen den Teig zu einem Rechteck von etwa 32 x 24 cm auf einem gefetteten Backblech ausrollen, mit
2 Eßl. Aprikosen-Konfitüre	bestreichen
	für den Belag
100 g Butter	mit
100 g Zucker *1 Päckchen Vanillin-Zucker* *2 Eßl. Wasser*	langsam erwärmen, zerlassen
100 g gemahlene Haselnußkerne *100 g gehobelte Haselnußkerne oder* *200 g Kokosraspeln*	unterrühren, etwas abkühlen lassen, gleichmäßig auf dem Teig verteilen, das Backblech in den vorgeheizten Backofen schieben
Strom:	175–200, *Gas:* 3–4
Backzeit:	20–30 Minuten das Gebäck etwas abkühlen lassen, in Vierecke von 8 x 8 cm schneiden, diese so in Hälften teilen, daß Dreiecke entstehen
	für den Guß
50 g Kuvertüre	in einem kleinen Topf im Wasserbad zu einer geschmeidigen Masse verrühren, die beiden spitzen Ecken des Gebäcks damit bestreichen.

Eberswalder Spritzkuchen

	Für den Teig
250 ml (1/4 l) Wasser	mit
50 g Butter	am besten in einem Stieltopf zum Kochen bringen
150 g Weizenmehl	mit
30 g Speisestärke	mischen, sieben, auf einmal in die von der Kochstelle genommene Flüssigkeit schütten, zu einem glatten Kloß rühren, unter Rühren etwa 1 Minute erhitzen, den heißen Kloß sofort in eine Rührschüssel geben, nach und nach
25 g Zucker	
1 Päckchen Vanillin-Zucker	
4–6 Eier	unterrühren, weitere Eizugabe erübrigt sich, wenn der Teig stark glänzt und so vom Löffel abreißt, daß lange Spitzen hängenbleiben
3 g (1 gestrichener Teel.) Backpulver Backin	in den erkalteten Teig rühren, den Teig in einen Spritzbeutel (weite Tülle) füllen auf gefettete Pergamentpapiere (etwa 10 x 10 cm groß) in Form von Kränzchen spritzen durch Eintauchen der Papiere in siedendes
Ausbackfett	die Kränzchen lösen, schwimmend auf beiden Seiten hellbraun backen, mit einem Schaumlöffel herausnehmen, auf einem Kuchenrost abtropfen lassen
	für den Guß
200 g Puderzucker	sieben, mit
2 Eßl. Zitronensaft	
etwa 2 Eßl. heißem Wasser	glattrühren, so daß eine dickflüssige Masse entsteht das Gebäck damit überziehen.

Sand-Waffeln

1 Packung Backmischung Sandkuchen	mit
175 g weicher Margarine	
3 Eiern	
45 ml (3 Eßl.) Wasser	nach der Vorschrift auf der Packung zubereiten
	den Teig in kleinen Mengen (jeweils 1 Eßl.) in ein gut erhitztes, gefettetes Waffeleisen füllen, sofort gut verstreichen
	die Waffeln goldbraun backen, einzeln auf einem Kuchenrost erkalten lassen, mit
Puderzucker	bestäuben
	nach Belieben Johannisbeergelee dazureichen.

Ischeler Bäckerei

(Abb. nebenstehend)

250 g Weizenmehl	mit
6 g (2 gestrichene Teel.) Backpulver Backin	mischen, auf die Tischplatte sieben, in die Mitte eine Vertiefung eindrücken
100 g Zucker *1 Päckchen Vanillin-Zucker* *Salz* *5 Tropfen Backöl Zitrone* *1 Ei*	hineingeben, mit einem Teil des Mehls zu einem dicken Brei verarbeiten
125 g kalte Butter oder Margarine	in Stücke schneiden, auf den Brei geben, von der Mitte aus alle Zutaten schnell zu einem glatten Teig verkneten, sollte er kleben, ihn eine Zeitlang kalt stellen den Teig dünn ausrollen, mit einer runden Form (Durchmesser etwa 8 cm) ausstechen die Hälfte der Teigplätzchen mit einer kleineren Form so ausstechen, daß 3 „Augen" entstehen die Teigplätzchen auf ein Backblech legen, in den vorgeheizten Backofen schieben
Strom:	175–200
Gas:	3–4
Backzeit:	8–10 Minuten die ungelochten Plätzchen auf der Unterseite mit
roter Konfitüre	bestreichen, die anderen mit
Puderzucker	bestäuben, auf die mit Konfitüre bestrichenen Plätzchen legen.

Rezept „Butterringe" Seite 56
Rezept „Sahnebrezeln" Seite 22

Flana-Törtchen

20 Törtchen

	Für den Teig
250 g Weizenmehl *50 g Speisestärke* *3 g (1 gestrichener Teel.) Backpulver*	mischen, auf die Tischplatte sieben, in die Mitte eine Vertiefung eindrücken
50 g Zucker *1 Päckchen Vanillin-Zucker* *2 Eßl. saure Sahne*	hineingeben, mit einem Teil des Mehls zu einem dicken Brei verarbeiten
175 g kalte Butter	in Stücke schneiden, auf den Brei geben, mit Mehl bedecken, von der Mitte aus alle Zutaten schnell zu einem glatten Teig verkneten, sollte er kleben, ihn eine Zeitlang kalt stellen den Teig etwa 3 mm dick ausrollen, 40 Plätzchen (Durchmesser etwa 7 cm) ausstechen, auf ein Backblech legen, in den vorgeheizten Backofen schieben
Strom:	175–200
Gas:	3–4
Backzeit:	12–15 Minuten
	für die Buttercreme aus
1 Päckchen Pudding-Pulver Schokolade, z. B. Flana *50 g Zucker* *4 Eßl. kalter Milch* *250 ml (1/4 l) Milch*	nach der Vorschrift auf dem Päckchen einen Pudding zubereiten, kalt stellen, ab und zu durchrühren
	für den Guß
75 g Puderzucker *20 g Kakao*	mischen, sieben, mit
etwa 1 1/2 Eßl. heißem Wasser	glattrühren, so daß eine dickflüssige Masse entsteht
25 g Kokosfett	zerlassen, unterrühren, die Hälfte der erkalteten Plätzchen auf der Oberseite damit bestreichen

150 g Butter	schaumig rühren, den erkalteten Flana eßlöffelweise darunter geben (darauf achten, daß weder Fett noch Flana zu kalt sind, da dann die sogenannte Gerinnung eintritt)
25 g Kokosfett	zerlassen, unterrühren
	die nicht bestrichenen Plätzchen auf der Unterseite spiralförmig mit der Creme bespritzen, die übrigen darauf legen, mit einem Cremetupfen verzieren.

Kaffeegebäck

	Für den Teig
500 g Weizenmehl	in eine Schüssel sieben, mit
1 Päckchen Trocken-Hefe	sorgfältig vermischen
50 g Zucker *1 Päckchen Vanillin-Zucker* *Salz* *100 g zerlassene, lauwarme Butter oder Margarine* *2 Eier* *125 ml (1/8 l) lauwarme Milch*	hinzufügen, alles mit einem elektrischen Handrührgerät mit Knethaken zuerst auf der niedrigsten, dann auf der höchsten Stufe in etwa 5 Minuten zu einem Teig verarbeiten den Teig an einem warmen Ort so lange stehenlassen, bis er etwa doppelt so hoch ist, ihn dann auf der höchsten Stufe nochmals gut durchkneten, zu einem Rechteck von 40 x 60 cm ausrollen, mit
75 g weicher Butter	bestreichen
	für die Füllung
200 g Marzipan-Rohmasse	in kleine Würfel schneiden
125 g abgezogene, gehackte Mandeln *75 g Zucker*	
	die Zutaten mischen, gleichmäßig auf dem Teig verteilen (leicht andrücken), von der kürzeren Seite her fest aufrollen, mit einem scharfen Messer etwa 2 cm dicke Scheiben abschneiden, diese zweimal der Länge nach bis auf 1 cm einschneiden, die so entstandenen „Streifen“ nach links oder nach rechts auseinanderziehen, die Teigstücke auf ein gefettetes Backblech legen, nochmals so lange an einem warmen Ort stehenlassen, bis sie etwa doppelt so hoch sind, sie erst

	dann in den vorgeheizten Backofen schieben
Strom:	200–225
Gas:	4–5
Backzeit:	10–15 Minuten
	zum Aprikotieren
4 Eßl. Aprikosen-Konfitüre	durch ein Sieb streichen, mit
3 Eßl. Wasser	verrühren, einmal aufkochen lassen, sofort nach dem Backen das Gebäck damit bestreichen.

Rhabarbertörtchen

	Für den Teig
150 g Weizenmehl	mit
1 1/2 g (1/2 gestrichener Teel.) Backpulver Backin	mischen, auf die Tischplatte sieben, in die Mitte eine Vertiefung eindrücken
75 g Zucker *1 Päckchen Vanillin-Zucker* *1 Ei*	hineingeben, mit einem Teil des Mehls zu einem dicken Brei verarbeiten
75 g kalte Butter	in Stücke schneiden, auf den Brei geben, mit Mehl bedecken, von der Mitte aus alle Zutaten schnell zu einem glatten Teig verkneten, sollte er kleben, ihn eine Zeitlang kalt stellen den Teig etwa 3 mm dick ausrollen, mit einer runden Form (Durchmesser ca. 10 cm) ausstechen, auf ein gefettetes Backblech legen, mehrmals mit einer Gabel einstechen, das Backblech in den vorgeheizten Backofen schieben
Strom:	175–200
Gas:	3–4
Backzeit:	10–15 Minuten
	zum Bestreichen
30 g Kuvertüre	in einem kleinen Topf im Wasserbad zu einer geschmeidigen Masse verrühren, die erkalteten Plätzchen am Rand etwa 1 cm breit damit bestreichen
	für den Belag
750 g Rhabarber	waschen, abtrocknen, in etwa 2 cm lange Stücke schneiden (nicht abziehen), mit
150 g Zucker	bestreuen, sobald der Rhabarber Saft gezogen hat, ihn zum Kochen bringen, bei schwacher Hitze weich dünsten, etwas abkühlen und abtropfen lassen 250 ml (1/4 l) von dem Saft abmessen

	für den Guß aus
1 Päckchen Tortenguß, rot *250 ml (1/4 l) Rhabarbersaft* *Zucker*	einen Tortenguß zubereiten den Rhabarber in die Mitte der Plätzchen geben, den Guß darüber verteilen
	zum Verzieren
250 ml (1/4 l) Schlagsahne	1/2 Minute schlagen
1 Päckchen Vanillin-Zucker	mit
1 Päckchen Sahnesteif	mischen, einstreuen, die Sahne steif schlagen, in einen Spritzbeutel mit gezackter Tülle füllen, um den Rhabarber einen 2 cm hohen Ring spritzen, so daß der Kuvertürerand noch zu sehen ist.

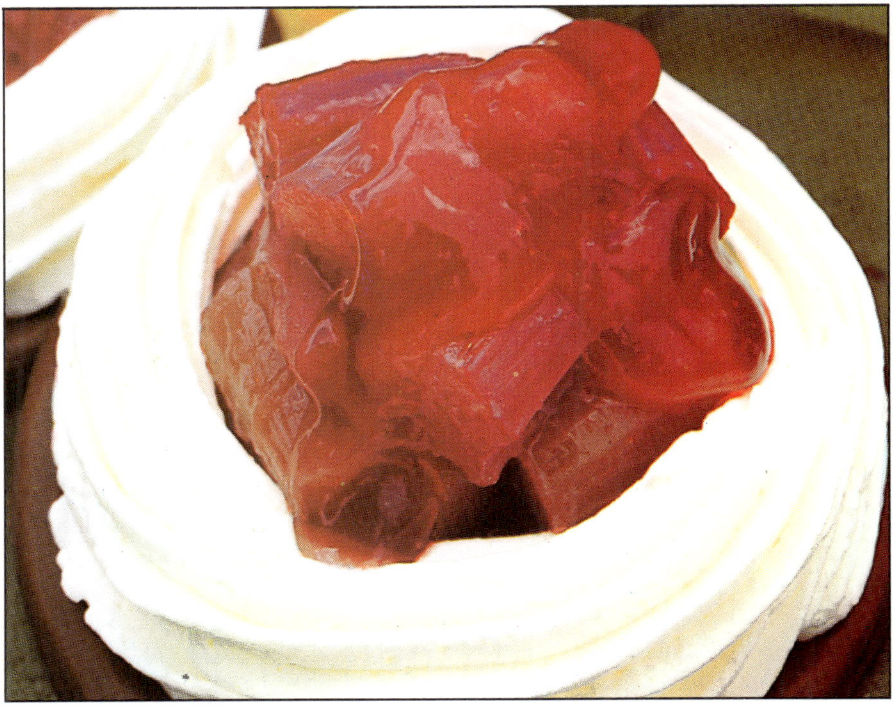

Windbeutel

	Für den Teig
250 ml (1/4 l) Wasser	mit
50 g Butter	zum Kochen bringen
150 g Weizenmehl	
30 g Speisestärke	mischen, sieben, auf einmal in die von der Kochstelle genommene Flüssigkeit schütten, zu einem glatten Kloß rühren, unter Rühren etwa 1 Minute erhitzen, den heißen Kloß sofort in eine Rührschüssel geben, nach und nach
4–6 Eier	unterrühren, weitere Eizugabe erübrigt sich, wenn der Teig stark glänzt und so vom Löffel abreißt, daß lange Spitzen hängenbleiben
3 g (1 gestrichener Teel.) Backpulver	in den erkalteten Teig rühren, mit 2 Löffeln oder mit einem Spritzbeutel mandarinengroße Teighäufchen auf ein gefettetes, mit Weizenmehl bestäubtes Backblech setzen oder spritzen, in den vorgeheizten Backofen schieben
Strom:	200–225, *Gas:* 4–5
Backzeit:	25–30 Minuten
	während der ersten 15 Minuten Backzeit die Backofentür nicht öffnen, da das Gebäck sonst zusammenfällt
	sofort nach dem Backen von jedem Windbeutel einen Deckel abschneiden
	für die Füllung
500 g Sauerkirschen	waschen, entstielen, entsteinen, mit
50 g Zucker	mischen, einige Zeit zum Saftziehen stehenlassen, nur eben zum Kochen bringen
	wenn Saft und Kirschen kalt sind, von dem Saft 125 ml (1/8 l) abmessen (evtl. mit Wasser ergänzen), mit
20 g Speisestärke	anrühren, unter Rühren zum Kochen bringen, die Kirschen unterrühren, die Füllung kalt stellen, mit
Zucker	abschmecken
500 ml (1/2 l) Schlagsahne	1/2 Minute schlagen
25 g Puderzucker	sieben, mit

1 Päckchen Vanillin-Zucker	
2 Päckchen Sahnesteif	mischen, einstreuen, die Sahne steif schlagen
	in jeden Windbeutel etwas von den erkalteten Kirschen geben, darauf die Schlagsahne spritzen
	auf jeden Windbeutel den abgeschnittenen Deckel legen, mit
Puderzucker	bestäuben.

Florentiner Törtchen

16–18 Stück

	Für den Teig
150 g Weizenmehl *1 1/2 g (1/2 gestrichener Teel.) Backpulver Backin*	mischen, auf die Tischplatte sieben, in die Mitte eine Vertiefung eindrücken
50 g Zucker *1 Päckchen Vanillin-Zucker* *1 Ei*	hineingeben, mit einem Teil des Mehls zu einem dicken Brei verarbeiten
65 g kalte Butter oder Margarine	in Stücke schneiden, auf den Brei geben, mit Mehl bedecken, von der Mitte aus alle Zutaten schnell zu einem glatten Teig verkneten, sollte er kleben, ihn eine Zeitlang kalt stellen den Teig dünn ausrollen, runde Plätzchen (Durchmesser etwa 8 cm) ausstechen, auf ein gefettetes Backblech legen, in den vorgeheizten Backofen schieben, hellgelb vorbacken
Strom:	200–225
Gas:	3–4
Backzeit:	5–7 Minuten
	für den Belag
50 g Butter oder Margarine	mit
100 g Zucker *1 Päckchen Vanillin-Zucker* *2 Eßl. Honig*	so lange erhitzen, bis die Masse leicht gebräunt ist
125 ml (1/8 l) Schlagsahne	hinzufügen, rühren, bis der Zucker gelöst ist
100 g abgezogene, gehobelte Mandeln *100 g in Scheiben geschnittene Haselnußkerne*	

25 g in Stücke geschnittene Belegkirschen	dazugeben, so lange unter Rühren kochen lassen, bis die Masse gebunden ist
5 Tropfen Rum-Aroma	unterrühren die Masse mit 2 Teelöffeln auf die vorgebackenen Plätzchen verteilen, das Backblech in den vorgeheizten Backofen schieben
Strom:	220–225
Gas:	3–4
Backzeit:	10–12 Minuten
	für den Guß
75 g Halbbitter-Kuvertüre	in einem kleinen Topf im Wasserbad zu einer geschmeidigen Masse verrühren, die erkalteten Törtchen auf der Unterseite damit bestreichen.

Nuß-Waffeln

200 g Butter	geschmeidig rühren, nach und nach
100 g Zucker	
1 Päckchen Vanillin-Zucker	
3 Eier	unterrühren
50 g Weizenmehl	mit
75 g Speisestärke	
3 g (1 gestrichener Teel.) Backpulver	mischen, sieben, eßlöffelweise unterrühren
100 g gemahlene Haselnußkerne	zuletzt unter den Teig heben
	den Teig in kleinen Portionen (jeweils etwa 2 Eßl.) in ein gut erhitztes, gefettetes Waffeleisen füllen, gut verstreichen, von beiden Seiten goldbraun backen, die Waffeln einzeln auf einem Kuchenrost erkalten lassen, nach Belieben mit
Schlagsahne	verzieren, mit
Haselnußkernen	garnieren.

Mandelwaffeln mit Preiselbeersahne

	Für den Teig
250 g Butter oder Margarine	geschmeidig rühren, nach und nach
125 g Zucker	
1 Päckchen Vanillin-Zucker	
4 Eier	
2 Eßl. Rum	unterrühren
250 g Weizenmehl	mit
4 1/2 g (1 1/2 gestrichene Teel.) Backpulver Backin	mischen, sieben, abwechselnd mit
6 Eßl. lauwarmem Wasser	unterrühren
100 g abgezogene, gemahlene Mandeln	zuletzt unter den Teig heben
	den Teig in nicht zu großen Portionen

(jeweils etwa 1 Eßl.) in ein gut erhitztes, gefettetes Waffeleisen füllen, von beiden Seiten goldbraun backen
die Waffeln einzeln auf einem Kuchenrost erkalten lassen

für die Preiselbeersahne

250 ml (1/4 l) Schlagsahne	etwa 1/2 Minute schlagen, unter ständigem Schlagen
1 Päckchen Sahnesteif	einstreuen, die Sahne steif schlagen
3 Eßl. Preiselbeeren (aus dem Glas)	abtropfen lassen, mit
1–2 Eßl. Zitronensaft	mischen, unter die Sahne heben auf jede Waffel etwas Preiselbeersahne geben, möglichst sofort verzehren.

Weincreme-Schnitten

	Für den Teig
1 Packung Backmischung Zitronenkuchen	mit
100 g weicher Margarine	
2 Eiern	
75 ml (5 Eßl.) Wasser	nach der Vorschrift auf der Packung zubereiten den Teig auf ein gefettetes Backblech (32 x 40 cm) streichen, vor den Teig einen mehrfach umgeknickten Streifen Alufolie legen, das Backblech in den vorgeheizten Backofen schieben
Strom:	175–200
Gas:	3–4
Backzeit:	15–20 Minuten das Gebäck gut auskühlen lassen
	für die Füllung
75 ml (5 Eßl.) Wasser	mit dem Wein aus
1 Päckchen Weißwein-Creme	in eine große Schüssel geben den Inhalt des Päckchens auf einmal in die Flüssigkeit geben, das Ganze mit einem elektrischen Handrührgerät mit Rührbesen auf niedrigster Stufe oder mit einem Schneebesen verrühren, dann in etwa 2 Minuten auf höchster Stufe schlagen, bis die Masse durch und durch schaumig ist und dicklich wird
250 ml (1/4 l) Wasser	mit
2 Päckchen Schlagschaum	nach der Vorschrift auf dem Päckchen zubereiten, unter die Weißweinmasse heben das Gebäck in Hälften schneiden, die eine Hälfte mit der Weißweincreme bestreichen, die andere darauf legen das Gebäck kalt stellen, bis die Creme schnittfest ist das Gebäck in Schnitten beliebiger Größe schneiden, mit
Puderzucker	bestäuben.

Mandarinen-Omeletts

Als Vorarbeiten 30 cm breite Alufolie so falzen, daß 7 mal ein 15 cm langes Stück aufeinander liegt, zwei Kreise von jeweils 15 cm Durchmesser nebeneinander aufzeichnen, ausschneiden, so daß 14 runde Folienblätter entstehen, diese über den Boden einer Konservendose (Durchmesser etwa 10 cm) legen, so daß Förmchen mit einem 2 cm hohen Rand entstehen

	für den Teig
3 Eier	mit
60 g Zucker *1 Päckchen* *Vanillin-Zucker*	über Wasserdampf mit einem Schneebesen so lange schlagen, bis eine cremeartige Masse entstanden ist, diese dann vom Wasserdampf nehmen, so lange weiter schlagen, bis sie wieder kalt ist
50 g Weizenmehl *50 g Speisestärke*	mischen, darüber sieben, alles vorsichtig unter die Eiercreme ziehen (nicht rühren), dabei
100 g zerlassene, abgekühlte Butter oder Margarine	nach und nach hinzufügen den Teig in die gut gefetteten Folienförmchen verteilen, auf ein Backblech stellen, in den vorgeheizten Backofen schieben, sofort backen
Strom:	200–225
Gas:	3–4
Backzeit:	8–12 Minuten sofort nach dem Backen die Omeletts aus den Förmchen lösen, zur Hälfte leicht überschlagen (am besten über einen Rührlöffel), erkalten lassen, leicht mit
Puderzucker	bestäuben
	für die Füllung
etwa 300 g Mandarinenspalten (aus der Dose)	abtropfen lassen, den Saft auffangen

1 Zitrone (unbehandelt) mit heißem Wasser abwaschen, abtrocknen, mit den Ecken von

1 Stück Würfelzucker die Zitronenschale abreiben, die Zitrone auspressen, 2 Eßl. Zitronensaft zu dem Mandarinensaft geben, das Zuckerstück hinzufügen, unter Rühren auflösen

375 ml (3/8 l) Schlagsahne in eine Schüssel geben, den Saft hinzufügen, 1/2 Minute schlagen

2 schwach gehäufte Teel. Zucker
2 Päckchen Sahnesteif mischen, einstreuen, die Sahne steif schlagen, in die Omeletts spritzen, mit den Mandarinenspalten garnieren.

Apfelsinen- und Weinbrand-Törtchen

Vorarbeit
30 cm breite Alufolie so falzen, daß 6mal ein 15 cm langes Stück aufeinanderliegt, 2 Kreise von jeweils 15 cm Durchmesser nebeneinander aufzeichnen, ausschneiden, so daß 12 runde Folienblätter entstehen, diese über den Boden einer Konservendose (Durchmesser etwa 7,5 cm) legen, so daß Förmchen mit einem gleichmäßig hohen Rand von etwa 3,5 cm Höhe entstehen

für den Teig

2 Eigelb	mit
3 Eßl. warmem Wasser	schaumig schlagen, nach und nach 2/3 von
100 g Zucker	mit
1 Päckchen Vanillin-Zucker	hinzugeben, so lange schlagen, bis eine cremeartige Masse entstanden ist
2 Eiweiß	steif schlagen, nach und nach den restlichen Zucker unterschlagen, auf die Eigelbcreme geben
75 g Weizenmehl	mit
50 g Speisestärke	
3 g (1 gestrichener Teel.) Backpulver Backin	mischen, darüber sieben, vorsichtig unter die Eigelbcreme ziehen (nicht rühren)
50 g abgezogene, gemahlene Mandeln	zum Schluß unter den Teig ziehen den Teig in die gefetteten Folienförmchen verteilen, auf ein Backblech stellen, in den vorgeheizten Backofen schieben
Strom:	175–200
Gas:	3–4
Backzeit:	Etwa 25 Minuten sofort nach dem Backen die Törtchen aus den Förmchen nehmen, erkalten lassen

für die Apfelsinentörtchen
den Rand von 6 Backförmchen bis auf etwa 1 cm abschneiden, je 1 Törtchen wieder einsetzen

Fortsetzung Seite 88

	zum Tränken der Törtchen
2 Eßl. Wasser	mit
30 g Zucker	aufkochen
1 Apfelsine (unbehandelt)	mit heißem Wasser abwaschen, abtrocknen, mit den Ecken von
3 Stück Würfelzucker	die Apfelsinenschale abreiben, in dem heißen Zuckerwasser auflösen, erkalten lassen
125 ml (1/8 l) Apfelsinensaft	
2–3 Eßl. Orangenlikör (nach Belieben)	hinzufügen, die Törtchen damit beträufeln, gut durchziehen lassen
375 ml (3/8 l) gut gekühlte Schlagsahne	1/2 Minute schlagen
40–50 g Puderzucker	sieben, mit
1 Päckchen Sahnesteif	mischen, einstreuen, die Sahne steif schlagen jedes Apfelsinentörtchen mit einem Sahnetuff verzieren
Apfelsinenscheiben	vierteln, in die Sahnetuffs stecken
	für die Weinbrandtörtchen
etwa 2 Eßl. Weinbrand	unter die restliche Schlagsahne ziehen die restlichen Törtchen einmal durchschneiden, mit Weinbrandsahne füllen, Rand und obere Seite der Törtchen mit Weinbrandsahne bestreichen, mit
etwa 75 g abgezogenen, gehackten, gebräunten Mandeln	bestreuen, mit
Marzipanplättchen, kandierten Kirschen oder Pralinen	garnieren.

Streifen-Kleingebäck

350 g Butter	
oder Margarine	geschmeidig rühren, nach und nach
350 g Zucker	
1 Päckchen	
Vanillin-Zucker	
7 Eier	
1/2 Fläschchen	
Rum-Aroma	unterrühren
175 g Weizenmehl	mit
175 g Speisestärke	
1 Messerspitze	
Backpulver Backin	mischen, sieben, eßlöffelweise unterrühren aus dem Teig 12 Böden backen, dafür jeweils gut 2 Eßl. des Teiges auf den Boden einer gefetteten Springform (Durchmesser etwa 28 cm) streichen (darauf achten, daß der Teig am Rand nicht zu dünn ist, damit der Boden dort nicht zu dunkel wird) jeden Boden ohne Springformrand in den vorgeheizten Backofen schieben, backen, bis er hellgelb ist
Strom:	175–200
Gas:	3–4
Backzeit:	Je Boden 8–10 Minuten die Böden sofort nach dem Backen vom Springformboden lösen, zu einer Torte zusammensetzen, dabei jeden Boden dünn mit
rotem Gelee	bestreichen, die oberste Schicht muß ein Boden sein die Ränder der Torte gerade schneiden das Gebäck schmeckt am besten, wenn es einige Tage durchgezogen ist (in einem geschlossenen Topf kann es wochenlang aufbewahrt werden) das Gebäck als Kleingebäck aufschneiden.

Rezeptverzeichnis nach Kapiteln

Seite

Bunte Weihnachtsplätzchen
Walnußplätzchen 8
Prager Plätzchen 9
Kirsch-Herzen 10
Vanillekipferl 11
Rote Nestchen 12
Zimtsterne 13
Spekulatius 14
Frucht-Häufchen 16
Ingwer-Gebäck mit Schokolade 16
Kokosmakronen 18
Mandelsternchen 18
Zitronenherzen 20
Sahnebrezeln 22
Echte Nürnberger Lebkuchen 22
Nußprinten 24
Pflastersteine 26

Plätzchen für jede Gelegenheit
Wiener Herzen 30
Dukatenplätzchen 31
Schneehäubchen 32
Orangenplätzchen 32
Rosinen-Makronen 34
Glückspilze 34
Schwarz-Weiß-Gebäck 36
Streuselplätzchen 38
Spritzgebäck 38
Gefüllte Schokoladenhörnchen 40
Nußtaler 40
Erdnußplätzchen 42
Tatzen und Tupfen 42
Wiener Kolatschen 44
Nougatstangen 44

Feines, leichtes Teegebäck
Weiße Baiser-Plätzchen 48
Zartes Mandelgebäck 49
Vanilleplätzchen 50
Busserl 50
Honigplätzchen 52
Mandelmakronen 53
Weinplätzchen 54
Friesische Eiserkuchen 54
Heidesand 56
Butterringe 56
Mandelstäbchen 57
Mandelbögen 58
Spitzbuben 58

Kleines Gebäck für die Kaffeetafel
Marzipan-Kaffeeschnitten 62
Holländisches Kaffeegebäck 63
Nuß- oder Kokos-Ecken 64
Eberswalder Spritzkuchen 66
Sand-Waffeln 67
Ischeler Bäckerei 68
Flana-Törtchen 70
Kaffeegebäck 72
Rhabarbertörtchen 74
Windbeutel 76
Florentiner Törtchen 78
Nuß-Waffeln 80
Mandelwaffeln mit Preiselbeersahne 80
Weincreme-Schnitten 82
Mandarinen-Omeletts 84
Apfelsinen- und Weinbrand-Törtchen 86
Streifen-Kleingebäck 89

Rezeptverzeichnis, alphabetisch

Seite

A

Apfelsinen-Törtchen 86

B

Baiser-Plätzchen, weiße 48
Busserl 50
Butterringe 56

D

Dukatenplätzchen 31

E

Eberswalder Spritzkuchen 66
Echte Nürnberger Lebkuchen 22
Erdnußplätzchen 42

F

Flana-Törtchen 70
FlorentinerTörtchen 78
Friesische Eiserkuchen 54
Frucht-Häufchen 16

G

Gefüllte Schokoladenhörnchen 40
Glückspilze 34

H

Heidesand .56
Holländisches Kaffeegebäck 63
Honigplätzchen 52

I

Ingwer-Gebäck mit Schokolade 16
Ischeler Bäckerei 68

K

Kaffeegebäck 72
Kaffeegebäck, holländisches 63
Kirsch-Herzen 10
Kokosmakronen 18
Kokos- oder Nuß-Ecken 64
Kolatschen, Wiener 44

M

Mandarinen-Omeletts 84
Mandelbögen 58
Mandelgebäck, zartes 49
Mandelmakronen 53
Mandelstäbchen 57
Mandelsternchen 18
Mandelwaffeln mit Preiselbeersahne 80
Marzipan-Kaffeeschnitten 62

N

Nougatstangen 44
Nuß- oder Kokos-Ecken 64
Nußprinten 24
Nußtaler 40
Nuß-Waffeln 80
Nürnberger Lebkuchen, echte 22

O

Orangenplätzchen 32

P

Pflastersteine 26
Prager Plätzchen 9

R

Rhabarbertörtchen 74
Rosinen-Makronen 34
Rote Nestchen 12

S

Sahnebrezeln 22
Sand-Waffeln 67
Schneehäubchen 32
Schokoladenhörnchen, gefüllte 40
Schwarz-Weiß-Gebäck 36
Spekulatius 14
Spitzbuben 58
Spritzgebäck 38
Streifen-Kleingebäck 89
Streuselplätzchen 38

T
Tatzen und Tupfen 42

V
Vanillekipferl 11
Vanilleplätzchen 50

W
Walnußplätzchen 8
Weinbrand-Törtchen 86
Weincreme-Schnitten 82
Weinplätzchen. 54
Weiße Baiser-Plätzchen 48
Wiener Herzen 30
Wiener Kolatschen 44
Windbeutel. 76

Z
Zartes Mandelgebäck 49
Zimtsterne 13
Zitronenherzen 20